BEI GRIN MACHT SICH IHR WISSEN BEZAHLT

- Wir veröffentlichen Ihre Hausarbeit,
  Bachelor- und Masterarbeit

- Ihr eigenes eBook und Buch -
  weltweit in allen wichtigen Shops

- Verdienen Sie an jedem Verkauf

Jetzt bei www.GRIN.com hochladen
und kostenlos publizieren

Die Mykenische Silbenschrift Linear B. Eine Analyse

Renate Rottlaender

Bibliografische Information der Deutschen Nationalbibliothek:

Die Deutsche Nationalbibliothek verzeichnet diese Publikation in der Deutschen Nationalbibliografie; detaillierte bibliografische Daten sind im Internet über http://dnb.d-nb.de abrufbar.

ISBN: 9783346422538
Dieses Buch ist auch als E-Book erhältlich.

© GRIN Publishing GmbH
Nymphenburger Straße 86
80636 München

Druck und Bindung: Books on Demand GmbH, Norderstedt Germany
Gedruckt auf säurefreiem Papier aus verantwortungsvollen Quellen

Das Buch bei GRIN: https://www.grin.com/document/1023987

Hausarbeit

Alteuropäische Schriftkultur Modul G 2

Mykenische Silbenschrift Linear B

Verfasser/in: Renate Rottländer

Institut: FernUniversität Hagen

FernUniversität in Hagen
                 Historisches Institut, Lehrgebiet Geschichte und Gegenwart
         Alteuropas
Bergisch-Gladbach, 24.09.2017

Inhaltsverzeichnis

ı

1 Einleitung - Entdeckung der Tontäfelchen

In der Ilias wird nur in dem Epos von Bellerophontes in einem einzigen Hinweis auf einen Schriftgebrauch hingewiesen. Bellerophontes (Bellerophont) war der Sohn des korinthischen Königs Glaukos und Enkel von Sisyphos:

> „Glaukos zeugte den herrlichen Helden Bellerophontes, dem verliehen Schönheit die Götter und Stärke, gepaart mit Anmut. Doch gegen ihn hatte Proitos Böses im Sinne: Er vertrieb, im Besitz der grössten Macht, ihn aus Argos; hatte doch Zeus den Helden in seine Hände gegeben. Heftig begehrte die Gattin des Proitos, die schöne Anteia, heimlich, die Liebe des Bellerophontes; doch sie vermochte nicht zu betören den redlichen, lebenserfahrenen Helden. Nunmehr sann sie auf Ränke und sprach zu Proitos, dem König: 'Sterben musst du, Proitos – oder Bellerophontes töten: Er wollte, obwohl ich mich sträubte, die Ehre mir rauben!' Doch er vermied den Mord, ihm schlug das Gewissen. **Er sandte ihn nah Lykien, gab ihm mit ein Schreiben voll Unheil, auf gefaltetem Täfelchen viele todbringende Zeichen. Vorweisen sollte er sie dem Schwiegervater der Königs, sich zum Verderben.** Fort zog er, von Göttern sicher gleitet. Als er nach Lykien und zum strömenden Xanthos gelangte, zollte der König des weiten Gebiets ihm aufrichtig Ehren, hielt neun Tage ihn frei und liess neun Rinder opfern. Wie die zehnte rosenfingrige Eos sich zeigte, forschte er aus dem Gast und verlangte das Schreiben zu sehen, das er mit sich trüge für ihn vom Schwiegersohn Proitos. Nunmehr erhielt er des Schwiegersohnes leidigen Brief und hiess den Gast zunächst die wilde Chimaira erlegen. […] Bellerophontes erlegte es […] Zweitens bestand er den Kampf mit den Solymern, ruhmreichen Helden; [...] aus dem weiten Lykien las er die tapfersten Männer aus und hiess sie ihm auflauern. Aber sie kehrten nicht wieder: Alle erlegte sie Bellerophones, der Held ohne Tadel. Schliesslich erkannte der König die göttliche Abkunft des Helden, hielt ihn am Hofe zurück, bot ihm die Tochter zum Weibe, **gab ihm die Hälfte von sämtlichen Ehren und Pfründen der Herrschaft.. Dazu steckten die Lykier ihm ab ein vorzügliches Krongut, Garten und Acker, ein prächtiges Stück, zu eigener Nutzung.** (Ilias 6, 145 – 196) in: (Krawczuk, Trojanische Krieg, 1990, 59)

Im obigen Text der *Ilias* wird darauf hingewiesen, dass der König Proitos Bellerophontes ein Schreiben auf einem gefalteten Täfelchen zu seinem Schwie-gervater, dem König von Lykien, mitgegeben hatte. Weiter findet man auch in der Arbeit von Krawczuk:

> „Doch in welcher Schrift teilte Proitos seinem Schwiegervater mit, daß er den Übermittler dieser Tafeln töten sollte? Diese Geschichte fand nämlich noch vor dem Trojanischen Krieg statt, frühestens im 13. Jh. v. u. Z. Dabei tauchte die Schrift, derer sich die Griechen in der klassischen Zeit bedienten und die sie von den Phöniziern übernommen hatten, erst im 8. Jh. v. u. Z. auf […] Als die *Ilias* in ihrer Urform entstand, also im 8. Jh. v. u. Z., war die phönizische Schrift bereits in Gebrauch. Der Dichter machte somit nichts anderes, als diesen Gebrauch zurückzudatieren [...]" (Krawczuk, 1990, 60,61)

Kreta wird heute als die Wiege der europäischen Schriftkultur bezeichnet, denn bereits beim Übergang des 3. zum 2. Jahrtausend v. Chr. ist man auf erste Anzeichen eines Schriftgebrauchs gestoßen. Die mykenische Kultur ging um 1200 v. Chr. unter und mit ihr ebenfalls die bereits bestehende Schriftkultur. Es folgten die dunklen Jahrhunderte.

Die Thematik meiner Hausarbeit soll darin bestehen, auf das Schriftsystem, das nach Sir Arthur Evans (1851-1941) als Linear B bezeichnet wird, einzugehen. Linear B war eines der insgesamt drei Systeme in der prähistorischen Ägäis; die anderen beiden benannte Sir Arthur Evans als Hyroglyphisch und Linear A. Auch die Bezeichnung der 'Kretisch/Mykenischen Silbenschrift', die vom 15. - 12. Jh. v. Chr. verwendet wurde, prägte Sir Arthur Evans. Er führte in Knossos (Kreta) Ausgrabungen durch und benennt damit das Aussehen der einzelnen Linien der auf Tontäfelchen geritzten Schriftzeichen. Sir Arthur Evans entdeckte 1900 eine Anzahl Tontafeln, die mit für ihn unerklärlichen, mysteriösen Symbolen verzeichnet waren.

Von den drei Schriftsystemen „ist für die einzelnen Systeme eine recht unterschiedliche Anzahl von Dokumenten enthalten. Für die Hyroglyphische sind ca. 400, für Linear A ca. 1400 und für Linear B ca. 5000 komplette und fragmentierte Textbelege bekannt. Die Texte sind auch unterschiedlich lang, am kürzesten sind die hyroglyphischen, am längsten die in Linear B. Betrachtet man die einzelnen Zeichen so sind in Hyroglyphisch ca. 2000 (2%), in Linear A ca. 8000 (ca. 11%) und in Linear B ca. 80.000 (87%) Zeichen belegt. Diese Unterschiede im verfügbaren Textmaterial tragen auch dazu bei, dass nur Linear B entziffert ist. (Fischer, Josef, *Eine kurze Einführung in Linear* 2003, 2 http://www.antikesboiotien.uni-muenchen.de/gastautoren) - letzter Zugriff: 23.09.2017

Die Linear B Schrift wurde auf weichen Tontafeln geschrieben um Verwaltungs- Vorgänge z.B. wirtschaftlicher Vorgänge, nicht nur in Pylos und Tyrins, sondern auch in anderen Palästen wie Mykene, Theben, Knosses, den wichtigen Zentren der mykenischen Palastzeit im östlichen Mittelmeerraum - etwa 1400 – 1200 v. Chr. - festzuhalten. Als die Paläste durch Feuer zerstört wurden, wurde der Ton gebrannt; daher sind die Schriftzeichen bis zum heutigen Tag erhalten geblieben.

Im zweiten Kapitel berichte ich darüber, wie sich die Entdeckung der Tontäfelchen durch Sir Arthur Evens und John Chadwick und die sukzessive Entschlüsselung der Linear B-Schrift abzeichnete. Die von E.L. Bennett 1951 jr. veröffentlichte Publikation 'Die Pylostafeln', die auch eine Zeichentabelle beinhaltete, war für die Entzifferung des Linear B Schriftsystems in dem 1953 veröffentlichten Buch des britischen Architekten und Sprachforschers Michael Ventris (1922-1956) und John Chadwick hilfreich.

Im dritten Kapitel möchte auf die Silbenzeichen und Ideogramme, die auf den Tontäfelchen verzeichnet sind, eingehen und an Beispielen aufführen, welche Bedeutung die Silben- und Bildzeichen auf Zahlzeichen, Maße für Gewichte etc. haben.

Die Art der Aufzeichnungen wird die Thematik im vierten Kapitel sein. Ich werde erläutern, um welche Texte es sich handelte, um Listen über Einteilungen von Arbeitern, über Warenein- oder ausgang, Listen über Tiere, wie bspw. Schaf-herden, Getreide, Opfergaben, Inventarlisten etc.

In Anlehnung an die Beschreibung im *Ilias* Epos Bellerophontes, dass der lykische König ihm „die Hälfte von sämtlichen Ehren und Pfründen der Herrschaft übergab: „[...] Dazu steckten die Lykier ihm ab ein vorzügliches Krongut, Garten und Acker, ein prächtiges Stück, zu eigener Nutzung" (Ilias 6, 145 – 196) in Krawczuk, 1990, 59). möchte ich ausführen, ob die Verwaltung von Landbesitz (Ackerland/Weideland) verzeichnet wurde. Ferner möchte ich Fragen untersuchen wie: Wofür und zu welchem Zweck wurden die Texte auf den Täfelchen beschriftet? Wer hatte Interesse an diesen Dokumentationen, bzw. für wen waren sie nützlich? Was verraten sie über die Menschen, die in dieser Zeit lebten, die Herrscher, den Adel und besitzende Gesellschaftsschicht? Was erfahren wir über die Beamten, die Schreiber und ihren Umgang mit der Schrift? Was entnehmen wir von den Aufzeichnungen auf den Täfelchen über die Handwerker, die Tätigkeiten der Frauen und die unterprivilegierte Gesellschaftsschicht wie die Sklaven? Was sagen die Aufzeichnungen und Inventarlisten aus, die üblicherweise ein laufendes Verwaltungsjahr betreffen und aus stichwortartigen Verwaltungstexten über Zahlungseingänge bestehen, und was erfährt man weiter bspw. über Religiosität oder den Reichtum in mykenischer Zeit. Diesen Fragen werde ich an-

hand von Beispielen in diesem Kapitel nachgehen. In meiner Hausaufgabe kann ich aufgrund des vorgeschriebenen Seitenumfangs nur auf Beispiele der insgesamt umfangreichen Forschungsergebnisse eingehen.

Im vierten Kapitel möchte ich eine inhaltliche Zusammenfassung der von mir beschriebenen Beispiele über die altägäische Linear B Schriftkultur vornehmen.

2 Entdeckung der Tontäfelchen

Die Tontäfelchen wurden Anfang des 19. Jahrhunderts entdeckt. Wie sich die Entdeckung und im weiteren Verlauf die Entzifferung zugetragen hat, möchte ich in diesem Kapitel schildern.

Die Entdeckung begann mit einer Reise, die Sir Arthur Evans nach Griechenland angetreten hatte. Bei einem Antiquitätenhändler in Athen entdeckte er gravierte Gemmen, die der Händler zum Verkauf anbot. Sir Arthur Evans verfolgte die Spuren der Siegelsteine. Auf Kreta traf er Bauersfrauen, die diese („Milchsteine") oft aus Aberglauben trugen, er entdeckte dort auch weitere Siegelsteine. Evans kehrte 1900 nach Kreta zurück und wollte an einer Stelle, die nach einem Mythos, eine königliche Residenz gewesen sein sollte, Grabungen vornehmen. Kurz nach Grabungsbeginn – am 30. März 1900 – fand er Schrifttäfelchen und zahlreiche Schriftdenkmäler. Diese klassifizierte er in drei Gruppen als Hieroglyphisch, Linear A und Linear B. Im Jahre 1909 publizierte Sir Arthur Evans „Scripta Minoa I". In diesem Werk thematisierte er überwiegend hieroglyphische Schriftdenkmäler, er bezog sich aber auch auf die linearen Schriften, diese sollten in seinen Folgebänden II. und III explizit behandelt werden. Die Veröffentlichung dieser Titel verzögerte sich jedoch und Sir Arthur Evans verstarb 1941 im Alter von 90 Jahren. Nach dem 2. Weltkrieg, der die Forschung und weitere Ausgrabungen behinderte, war Prof. Emmett L. Bennett mit der Bearbeitung der Texte vertraut. Ihm gelang es sowohl das Gewichts- und Maßsystem als auch die Erstellung des Zeichensatzes bzw. bloße Varianten gleicher Zeichen und die Unterscheidung ähnlicher, jedoch nicht gleichartiger Zeichen, zu identifizieren. Durch Sir John Myers als Herausgeber und unter der Mitarbeit von Alice Kober und Emmett L. Bennett konnte das Werk „Spripta Minoa II", das Linear B-Texte behandelte, 1952 erscheinen. A.E. Cowley sowie weitere Forscher gelangten oft zu Teilergebnissen und zogen daraus falsche Schlussfolgerungen, weil sie kyprische Lautwerte auf Linear B übertragen hatten, doch die orthographischen Regeln des Kyprischen unterschieden sich von den Linear B. Herausragende Arbeiten lieferte Alice Kober; sie versuchte als erste die Art der Sprache ganz methodisch zu bestimmen und wies anhand eines Beispiels nach, dass Geschlechter in Linear B unterschieden wurden und dass zwei Varianten zu Wörtern vorhanden sind und um ein Zeichen länger sind als die einfache Form. Heute ist die Bezeichnung dieser Worte allgemein „Kober's triplets", das war ein Nachweis für die Beugung der Wörter. (vgl. Fischer, Josef 2003, 8/9) - letzter Zugriff: 23.09.2017 - - - Alice Kober drang tief in die Struktur des Linear B ein. Ihr Werk konnte sie nicht vollenden, sie starb 1950 im Alter von 43 Jahren.

> „With the publication of *The Pylos Tablets* in 1951 the scene was set for the decipherment. Orderly analysis, begun by Miss Kober and Bennett, could now take the place of speculation and guess-work; but it required clear judgement to perceive the right methods, concentration to plod through the laborious analysis, perseverance to carry on despite meagre gains, and finally the spark of genius to grasp the right solution when at last it emerged from the painstaking manipulation of meaningless signs." (Chadwick, The Decipherment1958, 39)

Michael Ventris entstammte einer wohlhabenden Familie. Bereits als 14jähriger Schüler wurde sein Interesse bei einem Vortrag von Sir Arthur Evans über die verschollene Kultur der Minoer und ihrer geheimnisvollen Schrift im Burlington House in London geweckt. Er studierte zunächst Architektur. Doch trotz seiner erfolgreichen Karriere nach Abschluss seines Studiums 1948 erlosch sein Interesse für die minoische Schrift nicht, und in seiner Freizeit nahm er sich der Forschung auf diesem Gebiet an. Ventris stand auch in regelmäßigem Kontakt mit anderen Forschern. Eine seiner Entdeckungen, durch die er in der Lage war Ortsnamen zu identifizieren und in Folge immer mehr Lautwerte zu bestimmen, war entscheidend. Er arbeitete intensiv mit John Chadwick und einem Philologen aus Cambridge zusammen. 1953 erschien seine erste

Veröffentlichung als Aufsatz 'Evidence for Greek Dialect in the Mycenaean Archives, in der Zeitschrift Journal of Hellenic Studies'. Es folgte im Jahr 1956 seine monumentale Publikation der

Entzifferung - sie wird jetzt noch als die „Bibel“ für die Mykenologen dargestellt - „Documents in Mycenaean Greek“ von Michael Ventris und John Chadwick. Michael Ventris erlebte die Veröffentlichung nicht, er starb in der Nacht des 6. September 1953 und erlag unmittelbar bei einem Zusammenstoß mit einem Lastwagen. (vgl. Fischer, Josef, 2003, 11) - letzter Zugriff: 23.09.2017

> „Our Work on the Knossos texts was published separately, with Bennett's help, in the form of a transcription into Roman script. Documents in Mycrenaen Greek was completed in the summer of 1955, and published in the autumn of the next year, a few weeks after Ventris' death ... The last part of the book was a vocabulary containing 630 separate Mycenaen words, from alle the know tablets, with their suggested meanings; and selection of personal names which had to be restricted to the more interesting in view of the enormous number of words which could be identified as names (over 1200).“ (Chadwick, 1956, 89)

Dem Forscherteam unter der Leitung von John Chadwick schlossen sich John T. Killen, der an der Universität in Cambridge lehrte, zwei Belgier - Jean-Pierre Olivier mit einer besonderen Begabung für mykenische Epigraphik und Louis Godart und andere - an. Sie haben dazu beigetragen, dass das Arsenal der Knossos-Täfelchen des Museums in Heráklion viel vollständiger als zu Evans' Zeit ist. Trotzdem ist die Arbeit noch nicht beendet und wird es wohl niemals sein. Auf dem griechischen Festland in Pylos entdeckte man kurz vor dem Zweiten Weltkrieg die ersten Linear B-Tafeln. Allerdings gingen die Forschungen aufgrund der erschwerenden Umstände während des Krieges nur langsam voran und die gefundenen 600 Tafeln konnten erst 1951 veröffentlicht werden. Der Umgang mit den Pylos-Tafeln war viel sorgfältiger. Emmett L Bennett jr. vom Institut für Klassische Philologie in Madison arbeitete eng zusammen mit dem Ausgräber Carl Blegen und seinem Team. Schon die erste Ausgabe von 1951 war eine wesentliche Etappe zur Entzifferung der Schrift und stellte einen beinahe fehlerlosen Katalog der Zeichen von Pylos dar. (vgl. Chadwick, Mykenische Welt 1979, 37,38)

> „Eine Bestätigung erfuhr die Entzifferung durch neue Textfunde aus Pylos, die Blegen 1952 gemacht hatte. Bei Anwendung des Ventris'schen Systems bei diesen Texten konnten nämlich bemerkenswerte Ergebnisse erzielt werden. Berühmt geworden ist dabei die Tafel PY Ta 641 mit der Darstellung von Dreifüßen in Verbindung mit der Bezeichnung ti-ri-po, *tr¤pvw, bzw. im Dual ti-ri-po-de.
> (vgl. Fischer, Josef, 2003, 11) - letzter Zugriff: 23.09.2017

Über die genaue Anzahl der vorgefundenen Täfelchen liegen keine detaillierten Angaben vor, (sie enthalten meistens mindestens zwei Fragmente). Man kann die Zahlen der Täfelchen von Knossos auf etwa auf 3000 und von Pylos auf etwa 1200 beziffern (vgl. Chadwick, 1979, 30). Es wurden nur Tontäfelchen vom letzten Jahr des Bestehens der Paläste vorgefunden. Die Folgerung, dass diese Aufzeichnungen der vorherigen Jahre nochmals übertragen und archiviert worden sind, möglicherweise auf Papyrus, könnte man aufgrund der akribischen Dokumentation und der Fähigkeit der Schreiber, diese Form der komplizierten Strukturen der Schriftzeichen zu erschaffen, ziehen.

Die uns erhaltenen Täfelchen sind jedoch alle aus dem letzten Jahr des Bestehens der Paläste. Ihre Verweise auf»dieses Jahr« und »letztes Jahr« wären sinnlos, wenn die Aufzeichnungen über mehrere Jahre im Archivraum aufbewahrt worden wären. Das wird noch bestätigt durch vorhandene Monats- aber fehlende Jahresangaben. Auch die Form der Schriftzeichen selber mit den zierlich gebogenen Strichen und komplizierten Strukturen legt nahe, daß sie nicht für Ton entwickelt worden war. Dem mykenischen Schreiber müssen Tinte und Feder ebenso vertraut gewesen sein wie der Griffel, und Ton war für ihn ein zweitklassiges Material, das man wegwerfen oder aufweichen, kneten und wiederverwenden konnte. Über alles, was nicht auf den Täfelchen steht, dürfen jedoch nur vorsichtige Vermutungen angestellt werden, und unsere Kenntnisse sind selbst in bezug auf das laufende Jahr äußerst lückenhaft". (Chadwick, 1979, 46)

Einen möglichen Zeitpunkt der Jahreszeit der Zerstörung des Palastes in Knossos könnte der Text auf einer Täfelchen-Serie verraten, da keine Eintragungen von nachfolgenden Monaten vorgefunden wurden: Auf einer Täfelchen-Serie in Knossos (Gg), auf denen Olivenöl steht, ist der Monatsname (im 6. oder 7. Monat) angegeben, das lässt vermuten, dass der Palast in Knossos im 7. Monat zerstört wurde. (vgl. Chadwick 1979, 133)

3 Silbenzeichen und Ideogramme der Linear B-Schrift

Die meisten Tontäfelchen in Linear B wurden in den Archiven des Palastes von Pylos gefunden. Die Täfelchen haben häufig die Form eines Palmblattes, wurden aus Ton hergestellt, waren abhängig von der Behandlung des Tons und wurden meist dem Textumfang entsprechend angepasst. Falls zu Urkunden zusätzlich eine Summierungstafel angelegt und diese zusammen abgelegt werden sollten, zog man manchmal eine Gruppe kleiner Täfelchen (z.B. Serie Ed in Pylos) einer großen Tafel vor. Das größte bekannte Täfelchen hat eine Größe von 16 x 27 Zentimeter und ist ca. 3 Zentimeter dick, die meistens sind viel kleiner. (vgl. Chadwick, 1979, 47/48)

Die Tafelbezeichnungen, die für die Linear B-Texte festgelegt wurden, sind wie folgt: Zuerst steht das Kürzel für den Fundort bspw. PY für Pylos, KN für Knossos. Anschließend folgt die Serien-Angabe, sie wird durch einen Großbuchstaben und einen weiteren die Serie genauer bestimmenden Kleinbuchstaben gekennzeichnet und sagen aus, worum es in der Tafel geht. Um ein Beispiel zu nennen steht der Buchstabe A und ebenso B für Personenverzeichnisse. Die Buchstaben C und D für Verzeichnisse von Tieren, Texte der E-Serien betreffen Getreide – F mit Öl und G mit Aromata -. Der an zweiter Stelle stehende Buchstabe kennzeichnet weiter Untergruppen. Die Angabe danach ver-zeichnet die Angabe der Inventarnummer, der durch die Ausgräber oder Bearbeiter vergeben wurde. (vgl. Fischer, Josef, 2003, S. 2)- letzter Zugriff: 23.09.2017

Trotz bestehender Bedenken, ob Griechisch gesprochen wurde und die Schreiber Griechen waren, kann nicht in Frage gestellt werden, dass die Sprache der Linear-B-Täfelchen Griechisch war. [...] die angesehene Sprache an mykenischen Höfen hätte das Kretische der Linear-A-Schrift sein müssen, Linear B war eine vergleichbar neue Schöpfung, die erdacht worden war, um sich den Bedürfnissen des Griechischen anzupassen. Man kann die Mykener nach der ersten Betrachtungsweise zu griechisch sprechenden Völkern rechnen, eine Bestätigung dafür liefern uns eine große Anzahl von griechischen Männer- und Frauennamen, die einen Bedeutungsbezug zum Griechischen haben, bspw. „[...] *Alexandrā* ist die weibliche Entsprechung zu *Alexandros* (als *Alexander* latinisiert), >der Männerabwehrer<, ein passender Rufname für einen Krieger" (vgl. Chadwick, 1978, 83). Die Sprache auf den Tontäfelchen war zwar Griechisch, sie unterschied sich jedoch von den bisher vorliegenden ältesten Zeugnissen der griechischen Literatur, die 500 Jahre später entstanden waren. In den fünf Jahrhunderten hatten sich Worte und Bedeutungen geändert und viele waren verschwunden. (vgl. Krawczuk, 1990, 63)

Die Tafeln in der Linear B-Schrift sind in einem mykenischen Dialekt, einer Ur- form des Griechischen verfasst worden.

> „Diese Schrift ist dem minoischen Linear A nahe verwandt, im ganzen eine Silbenschrift, die jedoch beim Zählen nicht nur – wie wohl alle Schriften – besondere Zeichen für die Zahlen und für die Maße und Gewichte verwendet, sondern auch noch andere sog. Ideogramme, Zeichen für ganze Wörter bzw. Begriffe (die dann vielfach doppelt geschrieben werden, zuerst – im Text – syllabisch, dann – in Verbindung mit den Zahlzeichen – ideographisch)." (Gschnitzer, Fritz, Griechische Sozialgeschichte, 2013, 22)

Die Entzifferung der Schrift gestaltete sich oft auch daher als schwierig, weil Schriftzeichen unvollständig waren, als Vergleich kann das mit einem bekannten Namen darstellen: Achilleus mit a-ki-re , Antenor mit a-ta-no, Hektor - e-ko-to,Glaukos ka-ra-u-ko [...]. (vgl. Krawczuk, 1990, 63)

9

Am leichtesten sind die Ideogramme, die Zeichen, die vor den Zahlen genannt werden, zu entziffern; es sind oft einfache bildliche Darstellungen, Bildzeichnungen von Dingen, Menschen, Tieren, Maßen oder Gewichten, die das Erkennen des Textes beim Lesen erleichtern sollten.

Andere Zeichen sind jedoch sehr stark stilisiert und daraus folgt, dass man sie schwer deuten kann und sich darauf verlassen muss, sie aus dem Zusammenhang begreifen zu können. Einige Beispiele aus dieser Gruppe sind, Schafe, Ziegen, Ochsen, Weizen, Gerste, Oliven, Bogen und Tuchwaren. Gelegentlich gab es kein traditionelles Ideogramm, sondern es wurde dafür ein Silbenzeichen in Form einer Abkürzung benutzt und diese kann leider ab und zu einem unbekannten Wort gehören. »Flachs« wird z.b. *SA* geschrieben, obwohl das griechische Wort dafür *linon* ist. Weil dies einmal zur Erläuterung von SA benutzt wurde, konnte davon ausgegangen werden, dass es die tatsächliche Bedeutung ist. Daraus kann man schließen, dass es noch eine Anzahl von Zeichen gibt, die noch nicht interpretiert werden konnten und man über deren Sinn nur Vermutungen anstellen kann. (vgl. Chadwick, 1979, 49)

Wie sich ein Täfelchen gestaltet, führe ich hier an einem Beispiel aus Knossos (Dg (1158) auf:

ANIATOS (in Großbuchstaben - Name des Schäfers und Schlüsselwort für die Herde)
Werwesios (offenbar der Name des Beamten, dem die Herde zugeteilt ist)
phaistros (in Kleinbuchstaben - Name der Gegend in der sich die Herde befindet)
63 männlich, 25 weiblich, 2 >alte<
(Zahl der Schafe, das Geschlecht der Schafe ist mit einem Ideogramm gekennzeichnet)
(vgl. Chadwick, 1979, 48)

Das Schriftsystem des Linear B umfasst etwa 90 phonetische Silbenzeichen, ca. 160 einfache und erweiterte logographische Zeichen (reine Ideogramme, Kombi-nationen aus Silbenzeichen und Ideogramm, mehreren Ideogrammen und mehreren Silbenzeichen). Auch einzelne Silbenzeichen können im Sinn von Abkürzungen für Ideogramme auftreten. Dazu kommen die üblichen Sätze numerischer und metronomischer Symbole. Es gibt in Linear B Zeichen für Vokale, Vokalverbindungen (ai, au), aspirierte Vokale (a2) und für offene Silben einfachen Baus (pa, te, mo) bzw. komplexen Baus (pte, two, nwa).Wenige nur selten vorkommende Zeichen sind noch nicht sicher gedeutet. Als Worttrenner findet sich oft ein kleiner Strich. Das Fehlen geschlossener Silben macht Linear B für die Schreibung griechischer Wörter nicht besonders geeignet. Schwierigkeiten ergeben sich vor allem bei Konsonantenhäufungen, sofern nicht spezielle Zeichen wie etwa dwe existieren. (Fischer, Josef, 2003, 2) - letzter Zugriff: 23.09.2017

Für die Benutzer der Urkunden waren die Zahlenangaben von äußester Wichtigkeit „Man kann nicht genug betonen, daß es den Benutzern dieser Urkunden hauptsächlich auf die

Zahlenangaben ankam. Zahlen und Mengen sind die wichtigsten Dinge, die man nicht dem Gedächtnis anvertrauen kann. Der übrige Text nennt kurz, worauf sich die Zahlen beziehen. Es sind Überschriften, aus denen der Leser Personen und Orte ersieht, die mit den angegebenen Menschen zu tun haben. (vgl. Chadwick, 1979, 45)

Für das Registrieren von Mengen ist das unkomplizierte Zahlensystem hinreichend geeignet. Es gibt Beispiele von fünfstelligen Zahlen; andererseits fehlen, wie auch in allen in der Antike bekannten Systemen, die Dezimalstellen, die für uns arithmetisches Rechnen sehr erleichtern; ebenso fehlt das Zeichen für Null. (vgl. Chadwick, 1979, 52)

Ein Beispiel dafür, wie Summen aufgerechnet werden, liefert die Rückseite des Täfelchens (PY Ea 59), auf dem der Schreiber zunächst ins Unreine schrieb:

> „Für jede Einheit wurde ein Strich gemacht, und diese faßte man in Zehnergruppen zusammen. Jede Zehn stellte man durch zwei übereinandergeschriebene Fünfen dar. Der Text ist wegen Beschädigung leider unvollständig, aber darunter erscheint in der üblichen Schreibweise die Zahl 137, offensichtlich die Summenangabe. (Chadwick, 1979, 53)

Verhältnismäßig einfach ist das System der Gewichte, jedoch vermisst man für kleinere Untereinheiten Beispiele, daher konnte die Skala nach unten nicht vervollständigt werden. Die höchste Gewichtsheinheit, womit Bronze oder ähnlich Schweres gewogen wurden, wird durch das Zeichen der Waage kenntlich gemacht und gewöhnlich mit einem L transkribiert. Das talanton (lateinisch talentum, daher auch unser Talent) war in der klassischen Zeit die größte gebräuchliche Gewichtsheinheit. Weil das Wort »Waage« bedeutet, kann bezweifelt werden, dass auch die mykenische Gewichtseinheit so benannt war. Man unterteilt sie in 30 M, das klassische Talent dagegen in 60 minae".(vgl. Chadwick, 1979, 139)

Wie die Täfelchen hergestellt, beschrieben und wie sie aufbewahrt wurden, ist bei Chadwick (1979) wie folgt nachzulesen:

> „Die Täfelchen waren aus gewöhnlichem Ton, manchmal um ein Stützwerk aus Stroh gefertigt, das natürlich verschwunden ist, aber das Loch, das zurückblieb, ist deutlich zu sehen, wenn das Täfelchen zerbrochen ist. Man schrieb mit nadelspitzem Griffel, vielleicht einem Dorn auf einem Halter, und ließ es dann trocknen. Der Ton trocknete nach wenigen Stunden oder höchstens einem Tag so weit, daß Zusätze oder Tilgungen nicht mehr möglich waren. Später entdeckte Irrtümer konnten daher nicht mehr korrigiert werden, manchmal sieht man noch, dass ein Zeichen hinzugefügt wurde, nachdem der Ton zu trocknen begonnen hatte. [...] Die beschriebenen Täfelchen wurden in Körben aufbewahrt, denn man hat Scharniere bei ihnen gefunden, und wahrscheinlich auf Regalen an den Wänden der Schreibstuben entlang aufgestellt [...]." (Chadwick, 1979, 34)

4 Aufzeichnungen und Verwaltung in mykenischen Palästen

Durch einen Vergleich der unterschiedlichen Handschriften konnte festgestellt werden, dass die einzelnen Schreiber meist für ein bestimmtes Sachgebiet zuständig waren. Bennett (1958) und Olivier (1967) konnten eine große Anzahl der Schreiber von Knossos und Pylos identifizieren.

> „Auch mykenische Schreiber hatten ihre unverwechselbare Handschrift, so wie sich heute Schriften voneinander unterscheiden. Wir erkennen sie an der Schreibweise bestimmter Zeichen, die häufig vorkommen. Einige haben z.b. ein umgekehrtes V als Grundmotiv, und man kann die Schreiben danach einteilen, ob sie das V mit geraden oder auswärts gewölbten Seiten schreiben. […] Für die Benutzer der Urkunden waren die Zahlenangaben von äußerster Wichtigkeit „Man kann nicht genug betonen, daß es den Benutzern dieser Urkunden hauptsächlich auf die Zahlenangaben ankam. Zahlen und Mengen sind die wichtigsten Dinge, die man nicht dem Gedächtnis anvertrauen kann. Der übrige Text nennt kurz, worauf sich die Zahlen beziehen. Es sind Überschriften, aus denen der Leser Personen und Orte

> ersieht, die mit den angegebenen Menschen zu tun haben. (vgl. Chadwick, 1979, 45).
> Dabei ist es genauso wichtig, wie nebeneinanderliegende Striche angeordnet sind, ob sie verbunden sind oder nicht, ferner die Lage und Form kleinerer Schriftbestandteile und das Verdoppeln von Linien. Auf diese Weise konnten Bennett (1958) und Olivier (1967) eine große Anzahl der fleißigen Schreiber aus Knossos und Pylos verläßlich identifizieren." (Chadwick 1979, 41)

> „Für Knossos hat J.-P. Olivier anhand der einzelnen „Handschriften" zumindest 60 Schreiber feststellen können, für Pylos kam T. Palaima auf mindestens 30. Im Regelfall ist dabei ein Schreiber für ein bestimmtes Sachgebiet zuständig. Es gibt dabei aber auch Ausnahmen. So stammen vom Schreiber Nr. 21 in Pylos neben den Ab – Texten auch Texte der Aq – ,Cc – ,Cn – , Fg – und Jn – Serien, dieser Mann hat sich also mit eine großen Bandbreite von Dingen befasst, wie etwa Landsbesitz, Viehherden, Bronzezuteilungen und Nahrungsmittelrationen."
> (Fischer, Josef, 2003, 12) - letzter Zugriff: 23.09.2017

Welche Menschen wendeten die Linear B Schrift an bzw. wer wurde mit den Aufgaben des Niederschreibens betraut. Man deckte ebenfalls auf, dass höhere Beamte weniger geschrieben und stattdessen oft das Beschriften der Täfelchen unter Anleitung an Untergebene delegiert hätten.

> „An jedem Ort haben wir viele verschiedene Handschriften, in Knossos wahr-scheinlich siebzig und mindestens vierzig in Pylos. Man sieht, daß es hier keine Berufsschreiber waren wie im Orient, sondern gebildete Beamte, die ein Täfelchen beschreiben können, wie und wann es verlangt wird, aber auch noch andere Aufgaben haben. Einige höhere Beamte scheinen selten eigenhändig geschrieben zu haben und überließen wohl den größten Teil der Arbeit ihren Untergebenen, aber gelegentlich nahmen sie den Griffel auch selber in die Hand." (Chadwick, 1979, 42)

Zu Personen, die dem König Gefolgschaft leisteten und ihm in Friedens- und Kriegszeiten dienten ist entsprechend naheliegend zum >Gefolgsmann< der >Gefährte< oder >Graf< (engste Freunde oder Tischgenossen des Königs werden häufig so genannt). Häufig wird der hohe Rang des Grafen, der z.B. auch Leib-eigene besitzen darf, bezeugt z.B. (PYEd 847).

Wenn man Aufzeichnungen von Sklaven, Tuchwaren und Rädern betrachtet und diese mit dem hohen Rang des Grafen in Verbindung bringt, deuten hingegen Wagen darauf hin, dass die Grafen auch militärische Aufgaben hatten, daraus könnte man schließen, dass die Streit-macht von Knossos ca. 200 Kriegswagen gehabt hatte. (vgl. Chadwick, 1979, 98/99)

> „We know virtually nothing about military organization beyond [...]. Both Knossos and Pylos were monarchies, for both places mention 'the king' (wanax) without any further qualification, which must mean that there was only one; though there is gods as well. The conclusion that the kingdoms were monarchies govermend by a highly organized bureaucracy could also be drawn simply from a study of the complex places which have been found. [...]." (Chadwick 1958, 112)

Die Tontafeln geben Kenntnis darüber, dass ein Herrscher der an der Spitze der Reiche stand den Titel »Wanaks« hatte, auch bei Homer ist diese Bezeichnung zu finden, jedoch ist die ursprüngliche Benennung bedeutender. Hingegen nahm »basileus«, so nannte man Fürsten auf den Tontafeln, später die Bedeutung eines Königs an.

> „basileus war anscheinend die Bezeichnung für den »Chef« einer Gruppe, sogar für das Oberhaupt der Schmiede. Spuren davon finden sich noch bei Homer, denn wir lesen von vielen basilēes in Ithaka (Od. 1,394 f.), und der Phäakenkönig Alkinoos spricht von zwölf weiteren basilēes, die es außer ihm in seinem Volk gebe. (Od. 8,390 f.) (Chadwick, 1979, 95)

> „An einem Punkt der Schilderung führt der Dichter auf ein témenos basilêion, also nach herkömmlicher Deutung auf ein „königliches Landgut". Dass der Basileús höchstpersönlich an der Ernte teilnimmt und sich mit seinen Arbeitern am Landleben erfreut, ist zwar ein sympathischer, doch bei näherem Zusehen vielleicht allzu idyllischer Zug dieser Episode. Auch die mykenischen Tontafeln kennen einen *basileús,* geschrieben als *qa-si-re-u.* Doch der ist beileibe kein Herrscher im späteren Sinn, sondern ein Adeliger, eine höhere Provinzcharge, die uns vor allem auf dem Sektor des Schmiedewesens begegnet. Sollte auch in diesem Textabschnitt eine Erinnerung an die ältere Wortbedeutung mitschwingen, so wäre der Mykenismus freilich einer der mehrfach gebrochenen Art. Denn témenos, ein priviligierter abga-benfreier Grundbsitz, steht unter den Honoratiren des 2. Jahrtausends nur dem Herrscher, dem Wanax und dem 'zweiten Mann im Staate', dem Lāwāgetās, wörtlich dem Anführer des Heeresvolkes" zu."
> (Panagl, Oswald, Das Dunkel ist Licht genug, 1939, 13)

Zu den Agrarverhältnissen erfährt man aus den Tontafeln, dass es verschiedene Besitz- und Bewirtschaftungsformen des Bodens gab. Die Eintragungen wurden einer strengen Kontrolle unterzogen, wobei die Besitztümer des Herrschers mit einbezogen waren. 'In der Geschichte des Bellerophontes erhielt er von den Lykiern einen Landanteil „temenos'". Auf einem Tontäfelchen ist verzeichnet, dass „temenos" aus Garten- und Ackerland bestand. Die Notiz auf den Tontafel lautet »wanakteron temenos« also »Anteil des wanaks«, und weiter die Information, wieviel Weizen gesät wurde.' (vgl. Krawczuk, 1990, 65)

An einigen Gütern, die im Palastarchiv registriert waren, konnte der König besonderes Interesse gehabt haben, doch erscheint er nie als Eigentümer (letztlich gehört dem König jeglicher Besitz, den er nach Belieben vergibt). Lediglich eine Urkunde (Er 312) verzeichnet eine königliche Domäne - *temenos* -, dieses Wort gebrauchten die Menschen im Klassischen Griechenland für

ı

den geheiligten Besitz einer Gottheit. Der Umfang war gewaltig (30 Einheiten). [...]" (vgl. Chadwick 1979, 159/160)

Ein größeres Täfelchen zur Beschriftung wurde hergestellt, falls alle Informationen z.b. bei Grundbuchtafeln vorlagen, die auf einer Tafel beschrieben werden sollten. Wenn diese noch nicht vollständig waren, erfolgte eine sukzessive Aneinanderreihung der Täfelchen, um alle Eintragungen für die Urkunde zu ver-vollständigen.

> „Eine große Tafel für viele Eintragungen konnte daher nur dann benutzt werden, wenn alle Informationen zur selben Zeit vorlagen. Trafen die Nachrichten aber einzeln ein, so mußte man für jede ein kleines Extratäfelchen benutzen. Diese konnte man dann wie eine Kartei nach Belieben ordnen. War sie vollständig, ließen sich alle Angaben auch auf große Tafeln übertragen. Hiervon haben wir vorzügliche Bespiele in den »Grundbuchtafeln« aus Pylos, wo ein umfangreicher Satz kleiner Einzel-täfelchen (wie die Serie Eb) gruppenweise auf große Tafeln (Ep) übertragen wurde und eine lange zusammenhängende Urkunde entstand [...] (Chadwick, 1979, 44)

Es gab sowohl Edelleute, aus denen sich der königliche Hof zusammensetzte als auch die Grundbesitzer, eine weitere Magnatenschicht. Auch die Edelleute waren Landeigentümer, entweder durch ihre Ämter oder durch privaten Besitz, aber die viel größere Klasse der Grundbesitzer übernahm üblicherweise die örtliche Verwaltung außerhalb der Hauptstadt. Beide Führungsschichten waren auch mit der Aufgabe einer gegenseitigen Überwachung betraut. So konnten Versuche der örtlichen Oberschicht, aus der zentralen Gewalt auszubrechen durch den Einsatz der Grafen vereitelt werden und es konnte ebenso dem Grafen, der sich eine Anmaßung königlicher Rechte zulegte entgegengetreten werden. (vgl. Chadwick, 1979, 96)

Wurden die 16 Verwaltungsbezirke des Königreichs Pylos »Demen« genannt? Vielleicht kann man durch das Verzeichnis aus Pylos mit Hinweisen auf das Wort *damos* bereits die frühere griechische Form von *dēmos* (die Bezeichnung für das gesamte Volk) mutmaßen, dass dieses Wort bereits für die Bewohner eines Bezirks galt. Ein Verzeichnis von Ferkeln, die von Beamten *'opidāmioi'* der *demen*, gemästet werden sollten, könnte so gedeutet werden:

> „Aus Pylos besitzen wir auch Hinweise auf den *dāmos*, ein Wort, das in der späteren griechischen Form *dēmos* zum gebräuchlichen Ausdruck für das gesamte Volk geworden ist (daher unser Wort »Demokratie«). In Attika hat es noch eine besondere Bedeutung und wird für die örtliche Verwaltungsbezirke gebraucht, die etwa unserem Gemeinden entsprechen. Da wir wissen, daß das Königreich Pylos zu Verwaltungszwecken in 16 Bezirke geteilt war, darf man vielleicht annehmen, daß diese damals schon »Demen« genannt wurden und dieser Terminus also für die Bewohner eines Bezirks insgesamt gebraucht wurde. Das würde dann erklären, warum ein Verzeichnis von Ferkeln (Py Cn 608), die von den *opidāmioi*, den Beamten der Demen, gemästet werden, unter den Namen aller neun Bezirke der diesseitigen Provinz erscheint- (Chadwick, 1979, 104)

Der Palast von Pylos war zuletzt nicht ummauert, es fragt sich, ob er jemals zuvor eine Befestigung hatte, es kann jedenfalls keine mit Mykene oder Tiryns vergleichbare gewesen sein, ebenfalls auf Kreta sind Befestigungsanlagen eigenartigerweise unbekannt. „Daher wundert es uns nicht, daß aus den Urkunden wenig über Bauhandwerk und Baumaterial hervorgeht. Von einem Täfelchen aus Pylos (An 35) kennen wir zwölf Maurer, wörtlich >Mauer-Arbeiter<, die

für vier verschiedene Orte Bauaufträge haben, darunter für Pylos" (Chadwick, 1979, 182).
Ein Täfelchen aus Pylos (Vn 46) enthält eine Liste von Baumaterial, dabei könnte es sich um ein Verzeichnis von Bauhölzern handeln, evtl. zur Errichtung eines kleinen Herrenhauses. Die Ausdrücke des Verzeichnisses können Sparren, Spinden etc. bedeuten, sie geben jedoch keine detaillierte Auskunft, wurden aber von den damaligen Baumeistern oder Zimmerleuten verstanden; die Worte haben sicher nicht die gleiche Bedeutung wie in der klassischen Zeit oder man hat sie evtl. umbenannt. (vgl. Chadwick, 1979, 183)

„Welche weiteren Informationen erhalten wir über weitere Handwerker? „Bei Handwerker findet sich das Adjektiv >dem König gehörend< oder >königlich<. Wir kennen z.b. einen königlichen Tuchwalker aus Pylos (En 74,3), einen königlichen Töpfer (Eo 371) [...]" (Chadwick, 1979,96). Die ungefähre Anzahl der Männer, die als Schmiede tätig waren, erfährt man von einer Urkunde, auf der auf mehreren Täfelchen eine Liefermenge von Bronze verzeichnet ist, aus ihr erkennt man nach Berechnung der Differenz der etwa ein Drittel verlorengegangen Täfelchen, dass das Schmiedehandwerk im Königreich ein häufig ausgeübtes Handwerk mit ca. 400 Schmieden war. Ihre Arbeitsplätze sind manchmal die damals größten Städte, mit Ausnahme von Pylos, es sind aber auch häufig Orte, über die wenig oder nichts zu erfahren war. (vgl. Chadwick, 1979, 186)

Anhand der vorgefundenen Verzeichnisse ist es nicht einfach, Kenntnisse über die einfache Bevölkerung zu erhalten. Es erschließt sich der Eindruck, die königliche Verwaltung beschäftige sich einerseits mit Edelleuten und Grundbesitzern und andererseits mit von ihnen abhängigen Menschen wie Sklaven. Über die Bevölkerung die sich bspw. aus Handwerkern zusammensetzt, erfährt man wenig, die Mehrzahl genannt als »Diener der Gottheit« - (diese Bezeichnung ist noch unklar).
Bei größeren Bauvorhaben musste wahrscheinlich in einer Art von Frondienst geleistet werden, doch dies geht nicht aus Beschreibungen hervor. Täfelchen aus Pylos berichten, dass die Küstenwacht aus ca. 800 Männern besteht und 500 – 600 Männer, die offensichtlich als Ruderer bei einer Flotte dienen (An 610). In einem Verzeichnis sind nur einige Maurer aufgeführt, die an unter-schiedlichen Orten beschäftigt waren, vermutlich handelte es sich um Kunsthand-werker, die nicht zur Arbeiterklasse zählten. (vgl. Chadwick, 1979, 105)

Auf Tafeln aus Pylos wurde eine Produktion von vielen Tonnen Schmiedewaren verzeichnet, die ein Heer von 400 Schmieden produzierten. Da dies mehr war, als im Königreich verbraucht, liegt die Vermutung nahe, dass vom Überschuß der Metallproduktion Handel betrieben bzw.

!

exportiert wurde. Das würde auch einen Teil der pylischen Wohlstands erklären. Die Produkte der pylischen Wirtschaft waren vom Seehandel abhängig, denn sowohl die Rohstoffe als auch die fertigen Produkte mussten auf dem Seeweg befördert werden, wobei die Gefahr einer Beeinträchtigung der Handelswege bestand und negative Folgen für die Königreich nach sich gezogen hätte. (vgl. Chadwick, 1979, 187)

> „Unser ganzes Wissen über die Bronzeindustrie stammt aus Pylos. Bronzeobjekte kennen wir auch von Täfelchen aus Knosses, aber über das Schmiedehandwerk gibt nur Pylos Auskunft. Von dort stammen lange Urkunden mit Verzeichnissen der Schmiede aus den verschiedenen Ortschaften und den Bronzemengen, die sie erhalten hatten. Der Palast scheint großen Wert darauf gelegt zu haben, daß Metalllieferungen streng kontrolliert wurden. Wenn Schmiede damit versorgt wurden, weil sie etwas daraus anfertigen sollten, mußte die Menge im Palast genau registriert werden. Wahrscheinlich wurden die fertigen Gegenstände sogar nach Empfang gewogen, damit man sicher sein konnte, daß nichts abgezweigt worden war." (Chadwick 1979, 186)

Was erfahren wir von den Aufzeichnungen auf den Täfelchen über Frauen, für welche Arbeiten wurden sie eingesetzt?

In Pylos wurden die Frauen einerseits unter ihrer Tätigkeit benannt, bspw. als Spinnerinnen, Flachs- und Mühlenarbeiterinnen oder Badewärterinnen. Andererseits sind Namen von anderen Frauen mit einem geographischen Terminus, der ihren Herkunftsort bezeichnen muss, versehen: man erkennt es daran, dass der Ort ihrer Unterbringung genannt ist. Soweit die Übersetzung der Worte richtig verstanden wurden, handelt es sich um niedere Arbeiten wie Tätigkeiten im Haushalt; die meisten Frauen wurden bei der Herstellung von Textilien eingesetzt. (vgl. Chadwick, 1979, 108)

> „Der einzige Schlüssel dafür ist die rein etymologische Suche nach den dazugehörigen griechischen Wörtern. Eine Kontrollmöglichkeit besteht allein darin, daß anscheinend nur niedere Tätigkeiten aus zwei Bereichen, dem häuslichen und dem industriellen, angegeben sind. Zu den im Hause Beschäftigten zählen Frauen, die Korn mahlen, Badewärterinnen, Gesinde und »Mädchen für alles«, wie ich den Ausdruck *pa-wo-ke* interpretiert habe. (Chadwick, Minos 8 1967)" (Chadwick, 1979, 201)

Im industriellen Bereich sind die Frauen uneingeschränkt mit Textilien beschäftigt. Gebräuchliche Ausdrücke könnten mit größter Wahrscheinlichkeit Wollarbeiterinnen' und 'Leinenarbeiterinnen' bedeuten, aber auch 'Wollkämmerinnen' oder 'Weberinnen'. (vgl. Chadwick, 1979, 201)

Den arbeitenden Frauen könnte man aufgrund ihrer ausgeübten Tätigkeiten Berufsbezeichnungen zuordnen. Einige Ausnahmen weisen darauf hin, dass eine Gruppe von Frauen als »Lohnempfänger« verzeichnet wurde.

> „Es gibt noch eine interessante, anscheinend »Lohnempfänger« genannte Gruppe, aber ob diese Frauen wirklich frei waren, muß bezweifelt werden, denn bei der Nahrungszuteilung scheinen sie wie alle anderen behandelt worden zu sein." (Chadwick, 1979, 201)

Ein Wort sowohl für 'Bauer', bzw. Menschen, die eine Tätigkeit in der Land-wirtschaft ausübten als auch für 'Schreiber' oder 'Sekretär' fügt sich nicht in die Verzeichnisse ein. Sklaven hingegen wurden aufgeführt. (vgl. Chadwick 1979, 106).

„Das Wort mit der Bedeutung >er kaufte< (qi-ri-ja-to) kommt in Knossos viermal auf Listen von Männern und Frauen vor, und manchmal erscheint im selben Text auch das Wort für >Sklave<. Es könnte sein, daß Sklaven in geringerer Anzahl käuflich erworben wurden, obwohl wir nicht sagen können, von wem. Auch hier dürfen Privatleute Sklaven besitzen (Ap 628,1, Ai 824). (vgl. Chadwick, 1979, 106)

Ein Zeugnis darüber, dass die 'kleinen kretischen Bauern' „Aus Knossos kennen wir Zugochsen und aus Pylos »Joch-Leute« genannte Männer, die vermutlich die Treiber eines Ochsengespannes waren" (Chadwick, 1979, 173) griechisch sprachen belegt eine Serie von Urkunden aus Knossos (Ch), darauf verzeichnet findet man die Namen einzelner Ochsentreiber und ihrer Zugtiere. Offenkundig ist dabei, dass die Namen der Ochsen als griechische Wörter zu verstehen sind, die Bedeutung kann in etwa Buntscheck«, »Schwarzfuß«, »Schreihals«, und »Weißfuchs« wiedergegeben werden. (vgl. Chadwick, 1979, 173)

Ein Verzeichnis über Väter und Mütter von Sklaven aus Pylos gibt Rätsel auf, man könnte daraus schließen, dass Kinder, die aus Ehen eines Sklaven entstammen als Sklaven aufgeführt werden.

> „[…] Die Namen der Eltern sind nicht genannt, aber ihre soziale Stellung ist verschiedenartig beschrieben. Es scheint, daß in jeder Familie ein Elternteil Sklave ist und die 13 Frauen allesamt als »Sklavinnen« bezeichnet werden. Man könnte daraus leicht den übereilten Schluß ziehen, daß alle Kinder Sklaven sind, die der Verbindung eines Sklaven mit einer freien Person entstammen, doch sind uns allzu viele Faktoren unbekannt, um hierzu mehr als Mutmaßungen zu äußern." (Chadwick 1979, 113/114)

Die Täfelchen geben auch Aussagen über die Gottheiten, die bereits in der mykenischen Zeit und bei den späteren Griechen verehrt wurden.

> „Echt griechisch ist auch die Religion der mykenischen Zeit. In den Texten begegnen Zeus, Hera, Poseidon (als Hauptgott in Pylos wie bei Homer), Artemis, Hermes, Dionysos, wohl auch Ares. a-ta-na po-ti-ni-ja ist am ehesten /Atha⁻ na⁻s potnia/ »die Herrin von Athen« zu lesen, […]." (Gschnitzer, Fritz, 2013, 25)

Artemis wird mit Täfelchen (Es 650,5) unmissverständlich mit Namen genannt, es wird ein Mann als »Diener der Artemis« bezeichnet (A-te-mi-to do-e-ro). Unklar ist, ob die Schreibweise a-ti-mi-te auf Py Un 219m5 der Dativ »der Artemis« sein soll, weil auch Potnia und Hermes in diesem Verzeichnis genannt sind, wäre es möglich […] Von Aphrodite fehlt jeder Nachweis. Dionysos wird in Pylos zweimal mit *Diwonusos*, doch nur auf Fragmenten erwähnt, daher lässt sich nicht feststellen, ob es sich um den Gott handelt (Xa 1419), es könnte

17

ı

ein Kompositum für »Wein« sein; so könnte man auslegen, dass in mykenischer Zeit die Verbindung Dionysos mit Wein bestand. (vgl. Chadwick 1979, 136)

> Es findet sich aber in der Tat nur ein einziger Name an anderer Stelle wieder. Zeus ist die reguläre griechische Entwicklung einer Wortform, die sich als *Dyeus wiederherstellen läßt. Die Verbindungen mit diesem Namen lassen erkennen, daß hier ein Gott des klaren Himmels gedacht war. In der *Veda* erscheint er als *Dyaus Pitar*, als *Iuppiter* im Lateinischen, ein Name, der das Wort »V a t e r« gleich mit sich schließt. Diesen Namen haben zweifellos die Vorfahren der Griechen nach Griechenland mitgebracht, und Zeus ist also einwandfreier Abstammung. So respektabel ist zu unserer Überraschung außer ihm kein anderer Olympier, denn wenn ihre Namen einmal außerhalb Griechenlands auftreten, könnten sie entlehnt sein." (Chadwick 1979, 117)

Die Tontäfelchen geben uns Aufschluss über die Ausübung der Religiosität welche Opfergaben bei religiösen Handlungen in der mykenischen Zeit dargebracht wurden. Die Opfer-Tiere oder anderen Gaben wie Honig, Wein oder Wolle wurden aufgelistet: Zu einer alljährlichen Getreidekontribution eines Poseidon Opferfestes fand man auf einem Pylos-Täfelchen (Es-Serie) eine Aufteilung, die 13 Grundbesitzer und 3 Unbekannte eine Weizenabgabe auferlegte. Die Menge für Poseidon ist die größte mit etwa 1075 Liter, weiter sind auf Listen viele Geschenke verzeichnet. Ochsen, Ziegen, Schweine, Schafe, Honig, Wein, Salböl, Wolle, Tuch (Un 718, 859) (vgl. Chadwick 1979, 132)

Honigtäfelchen aus Knosses (Gg) beziehen sich ebenfalls auf Religion. Trotz schlechter Erhaltung konnte entschlüsselt werden, dass es sich auf die >Herrin des Labyrinth< (Gg 702) bezieht, ebenfalls auch >allen anderen Göttern< (Gg 702, 705, 717) [...] (vgl. Chadwick 1979 134/135). Es wurden auch Schweine gehalten, die u.a. auch als Opfertiere galten. In Pylos sind Schafe, Ziegen und auch kleine Schweineherden in den Verzeichnissen aufgeführt. (vgl. Chadwick 1979, 179)

Eine Dokumentation auf einem Täfelchen aus Pylos enthält eine Liste mit umfangreichen Opfergaben, die aus den Vorräten zu entnehmen sind:

> „[...] aber die Ausgabe von Vorräten, die als Opfergaben dienen sollten, verlangte die Eintragung ins Rechnungsbuch. Die Liste der Opfergaben ist beeindruckend: 1574 Liter Gerste, 14 ½ Liter Zypergras, 115 Liter Mehl, 307 Liter Oliven, 19 Liter Honig, 96 Liter Feigen, 1 Ochse, 26 Widder, 6 Mutterschafe, 2 Ziegenböcke, 2 Ziegen, 1 gemästetes Schwein, 6 Säue und 585 ½ Liter Wein, außerdem noch drei andere Dinge, die unter unbekannten Abkürzungen oder Ideogrammen aufgeführt sind. Allein die Gerste würde 43 Personen einen Monat lang ernähren. Wenn diese Feier aber wirklich ein königlicher Initiationsritus wäre, sind es keineswegs übermäßig reiche Opfergaben. [...]. (Chadwick 1979, 137)

Die Größe von Landbesitz bzw. von Feldern wurde angegeben in der Menge des Saatgutes, das zum Bestellen des Feldes benötigt wird (ist auch heute in Griechenland noch gebräuchlich). Ebenfalls wurden Getreideangaben auf Feldern verzeichnet, auf denen Weinstöcke oder Olivenbäumen bepflanzt waren, bzw. die auch Ernten von Weinstöcken oder Olivenbäumen einbrachten.

18

ı

Die Herden waren gekennzeichnet mit Namen der Besitzer. John T. Killen kam bei seinen Forschungen zu dem Schluss, dass Herden ohne zusätzlichen Namen, königlicher Besitz sein müsse und die gekennzeichneten nicht dazu gehörten. Die Bewirtschaftung der Herden muss im Interesse des Königs gelegen haben; das könnte damit erklärt werden, dass die Unterlagen in den Palastarchiven aufbewahrt worden sind. Die verzeichneten Extranamen der Urkunden könnten möglicherweise zu Persönlichkeiten gehören, vielleicht zu Würdenträgern bei Hofe, denen der König eine Pfründe verschaffen musste bzw. ihnen die Nutznießung der betreffenden Herden überlassen hatte. Solche Nutznießungen betrafen nicht ausschließlich Herden und die von ihnen gewonnene Wolle sondern auch die Weiterverarbeitung wie Stoffe zu denen sie gewebt wurden. [...] (vgl. Chadwick 1979, 175)

Es wurde festgestellt, dass sich die Verzeichnisse der Herden aus Pylos unterschieden:

„Die Herdenverzeichnisse aus Pylos unterscheiden sich hiervon in mehrfacher Hinsicht. Am meisten fällt auf, daß die kleinen Täfelchen mit gleichartigen Erhebungen, von denen eines für jede Herde angelegt war, auf Tafeln mit bis zu 25 Herden übertragen wurden. Über die Aufzucht fehlen alle Einzelheiten. Nie kommt es vor, daß eine Herde wegen Überalterung aufgelöst wird, wie es manchmal in Knossos geschieht. Vor allem aber gibt es keine Wolle, Das kann nur bedeuten, daß die Frühlingsschafschur nicht stattgefunden hatte, die sonst in den April fällt. Unsere Listen geben also eher einen Abriß vom vorjährigen Zustand der Herden, über die Ereignisse des laufenden Jahres waren noch keine Nachrichten eingetroffen. Das würde auch zu unseren Forschungsergebnissen passen, nach denen Pylos im zweiten Frühjahr zerstört wurde." (Chadwick 1979, 176)

[...] Ziegen und Schafe erscheinen in Pylos auf derselben Täfelchenserie. Man hielt auch Ziegen in großen Herden und nutzte vermutlich Ziegenhaar ganz ähnlich wie Wolle, obwohl wir darüber nichts Schriftliches haben. Zum Vergleich sei gesagt, daß Griechenland in den fünfziger Jahren jährlich mehr als 2000 Tonnen Ziegenwolle produzierte." (Chadwick 1979,176/177)

Man kann zweifelsfrei annehmen, dass der Ochse das einzige Haustier war, das in der Lage war, schwere Arbeiten zu verrichten und man bei der Feldarbeit wie pflügen einsetzen konnte. Obwohl in den königlichen Archiven nichts verzeichnet ist, hatte jede Gemeinde eine ausreichende Anzahl an Ochsen. Die Gesamtzahl der Ochsen im Königreich Pylos läßt sich aus einer Abgabe der (Ma-Täfelchen) schätzen, die von 16 Verwaltungsbezirken in Form von Ochsenhäuten verlangt wurden und zwar forderte der Palast pro Jahr von 234 Ochsenhäuten, einen Tribut, der eine Mindestmenge von 1200 Stück Vieh im gesamten Königreich voraussetzt. Wahrscheinlich war die Zahl größer, weil einige Häute in Privathand zurückbleiben mussten, weil sie zur Herstellung von Leder benötigt wurden. (vgl. Chadwick 1979, 172/173)

Aus den Texten erfährt man viel über bedeutende Angaben, die hauptsächlich wirtschaftlichen Zwecken dienten. Der Anbau von Weizen, Wein, Oliven, Feigen, Flachs wurde vielfach bezeugt.

„Wir wundern uns nicht, daß die mykenische Wirtschaft noch wesentlich agrarisch bestimmt war, Boden und Viehbestand den Reichtum des Landes im wesentlichen ausmachten. Der Anbau von Weizen und Gerste, von Wein, Oliven und Feigen, sowie zahlreicher Gewürzpflanzen ist gut bezeugt, ebenso die Haltung von Schafen, Ziegen und Schweinen in großer, von Rindern, Pferden und Eseln in geringerer Zahl; die Bienenzucht 26 die mykenische Zeit fehlt nicht und ebensowenig die Jagd. Auf der andern Seite zeugen die Bodenfunde, die Inventare und die anderen Wirtschaftstexte (in denen zahlreiche Berufe genannt sind) von einem entwickelten und

hochspezialisierten Gewerbe insbesondere auch auf dem Gebiet des Kunsthandwerks. Nicht ganz so deutlich wird uns der Handel; doch sind lebhafte Beziehungen zu Ägypten, Syrien und Kleinasien, aber auch zu Sizilien und Süditalien archäologisch gut faßbar. – Die Naturalwirtschaft dominiert: die vielen Bediensteten des Palastes erhalten, soweit sie nicht mit Land versorgt werden, Lebensmittelrationen, nicht etwa Gehälter in Geld (Metallen); auch die Steuern werden in Naturalien entrichtet. Daneben spielt freilich ungemünztes Metall (Edelmetalle und Bronze) als Zahlungsmittel und vor allem bei der Anhäufung von Schätzen eine ähnlich große Rolle wie im Alten Orient und später bei Homer." (Gschnitzer, Fritz, 2013, 25,26) -

„Das Wort »Wein« wird gewöhnlich mit einem Ideogramm bezeichnet, das einen Rebstock am hölzernen Spalier darstellen könnte ... Auch ein schadhaftes Pylos-Täfelchen (ER 880) gibt mindestens 1100 Reben an, und als nächste Notiz folgen wieder Feigenbäume. Wein könnte ein Luxusartikel gewesen sein. Die üblichen Listen mit den Lebensmittelzuteilungen verzeichnen ihn nicht. Auf einer Urkunde aus Pylos (Gn 428) ist allerdings die Ausgabe von kleineren Mengen festgehalten. ... Ein zerbrochenes Täfelchen aus Knossos (Gm 840) verzeichnet wahrscheinlich entweder Lagerbestände oder die Ergebnisse der letzten Weinernte. Es sind hohe Zahlen, die höchste um 4800 Liter, und alle vier Posten ergeben zusammen über 14 000 Liter." (Chadwick, 1976, 169)

5 Zusammenfassung

Wie aus meiner Hausarbeit hervorgeht, bestehen die vorgefundenen Texte auf den Tonfafeln hauptsächlich aus umfangreichen buchhalterischen Angaben über das Verwaltungssystem in der mykenischen Zeit. Es sind Auflistungen über Zahlungs-eingänge, Bestandsaufnahmen, Opferleistungen für die Götter, Verzeichnisse über Landbesitz, Lebensmittelrationen für Sklaven, Boden- und Viehbestand, Anbau von Gerste, Weizen, Oliven, Feigen, Wein bis hin zu Aufistungen von Kriegsma-terial oder Streitwagen. Man vermisst weder Nachweise zur 'Jagd' oder Aussagen über Bienenzucht. Dank der Entzifferung der mykenischen Silbenschrift Linear B erkennt man aus diesen Listen nicht nur den großen Reichtum zu mykenischer Zeit sondern man hat auch Einblicke in das Leben der Menschen, jedoch ist uns nichts von der Geschichte der Mykener überliefert worden.

„Wenn es die Mykener auch unnötig fanden, ihre Geschichte oder diplomatische Korrespondenz zu überliefern, so hinterließen sie doch Aufzeichnungen über die Verwaltung ihrer Königreiche und über Tätigkeiten auf verschiedenen wirtschaftlichen Gebieten." (Chadwick, 1979, 32)

Die Tafeln kann man weder als literarische Texte noch als Inschriften späterer Zeit beurteilen. Vor allem muss die Frage beantwortet werden, wer zu dieser Zeit schrieb. Es waren gewiss nicht die Herren, die ihren Lebensinhalt in Gelagen, Jagd und Kampf fanden. Die Listen, Anweisungen und Bestätigung einer weitreichenden Administration, weisen auf einen unfreien Schreiberstand hin, der die griechische Sprache zum Zwecke von Notierung auf das Prokrustesbett der alten kretischen Silbenschrift legte und so das Linear B erfand. (vgl. Panagl, 1939, 11)

Zwar zweifeln die Gelehrten heute nicht mehr an der Richtigkeit der Entzifferung, doch dennoch ist das Lesen und Deuten dieser Texte schwierig, weil einerseits in einer recht unvollkommenen, vor allem aber der Struktur des Griechischen schlecht angepassten Orthograpie - die Mehrdeutigkeit der vielen Zeichenfolgen - geschrieben wurde und andererseits handelt es sich um den für den internen Gebrauch der Palastverwaltung bestimmte Notizen, die für nicht Eingeweihte schwer verständlich sein können. Aus diesem Grunde beschäftigt sich nur ein kleiner Kreis von Spezialisten mit den Auswertungen dieser Forschungen. Sie sind in sehr vielen Details gesichert, aber dennoch auch in wichtigen Punkten umstritten und einige liegen mangels Quellenaussagen im Dunkeln. Für den Historiker, der die griechische Geschichte im Großen überblicken möchte, ist es umso schwieriger diesem Material nach nach der Entdeckung und Entzifferung der Tontäfelchen Aussagen abzuringen, weil wir heute dadurch die griechische Geschichte nicht mehr im 8. Jh., beginnen, d.h. Um ein halbes Jahrhundert verkürzen können. (vgl. Gschnitzer, Fritz, 2013, 22)

Weitere Aufklärung bringen neue archäologische Funde, die durch eine heuristische und philologische Herangehensweise der historischen Forschung vorangetrieben werden kann. Dazu führe ich ein Beispiel eines neuen Tafelfundes, der aus dem späten 14. Jahrhundert v. Chr. stammt auf: Ältester Hinweis auf Schriftverwendung im mykenischen Tiryns – Neuer Tafelfund stammt aus dem späten 14. Jahrhundert v. Chr.

„Bei einer archäologischen Grabung in der Argolis in Griechenland sind Wissenschaftler auf den bisher ältesten Hinweis auf Schriftverwendung im mykenischen Tiryns gestoßen. Die neu entdeckten Überreste einer Tontafel stammen nach Angaben der Forscher vermutlich aus dem späten 14. Jahrhundert vor Christus Im August und September 2008 führten Archäologen unter der Leitung von Professor Joseph Maran von der Universität Heidelberg die dritte Kampagne einer vom DAI und dem Institute for Aegean Prehistory in Philadelphia geförderten Ausgrabung in der westlichen Unterstadt von Tiryns durch. Dieser Ort war in der mykenischen

!

Palastzeit – circa 1400 bis 1200 v. Chr. – eines der wichtigsten politischen Zentren im Ostmittelmeerraum. Die Ausgrabungen haben deutlich gemacht, dass die Besiedlung des untersuchten Bereichs der westlichen Unterstadt kurz nach 1300 v. Chr. aufgegeben und nach langer Unterbrechung erst ab circa 1000 v. Chr. in der frühen Eisenzeit wiederaufgenommen wurde."

(Maran, Josef, Hinweis auf Schriftverwendung im mykenischen Tiryns, 2008 https://www.scinexx.de/news/geowissen/aeltester) - letzter Zugriff 16.09.2017

> „Obwohl keine einzige Gestalt der Homerischen Epen auf den Tafeln identifiziert werden kann, tragen ganz offensichtlich viele Personen Homerischen Namen. Denn wenn ein pylischer Subalternbeamter Orestes heißt wie der Sohn des Agamemnon (An 657,3), müssen darum die Mykener in Pylos den Inhalt der Epen schon gekannt haben? Muß der Inhalt der Ilias schon verbreitet gewesen sein, weil sowohl in Pylos als auch in Knossos ein Achilleus lebt? Die Antwort muß sich ergeben, sobald wir mehr über mykenische Namen erfahren [...]" (Chadwick, 1979, 89).

„Homer und Mykene, die Welt der alten Epen und das Milieu der Tontafeln aus dem 2. Jahrtausend bilden ein kompliziertes Beziehungsgeflecht. Manchmal reicht ein bemerkenswertes sprachliches und sachliches Kontinuum von den frühen Verwaltungstexten bis hin zu Ilias und Odyssee, ja über sie hinaus. Dann wieder scheint ein Traditionsstrang während der schriftlosen Epoche abgerissen zu sein: die mykenischen Daten sind spurlos versiegt. Bisweilen aber - und das sind Philologen, Linguisten, Althistoriker und Archäologen die spannendsten und anspruchsvollsten Fälle! - Leben die Entsprechungen nur mittelbar, gebrochen und gleichsam unter der Oberfläche fort. Diese indirekten oder verkappten Mykenismen, die in das alphabetische Griechisch gleichsam als Findling hineingetragen, warten darauf, von der mykologischen Forschung entdeckt, erkannt und gedeutet werden. (Panagl, 1939, 14)

Abschließen möchte ich meine Hausarbeit mit einem Zitat aus 'John Chadwick, The Decipherment of Linear B':

> „[...] where we can compare the evidence of the tablets with Homer in any detail, discrepancies are immedialtely obvious. The position of the king may well be the same in both Homer and the tablets; but what has happend to his second in command, the Lawagetas? Not only is his name unknown to epic verse (it could not be made to fit the scansion), but there is no term which serves instead. So, too, repeatedly with other features; it is all very well to say that Homer is not interested in the details of land-tenure, but even the common Mycenaen term for a plot of land never occurs in the poems. Several Pylos tablets list in a consistent order to group of nine important villages; the coincidence that Homer, in the Catalogue of Ships, also assigns nine towns to the Pylian kingdom was quickly noted. But the two lists do not match; Homer's includes Pylos, that of the tablets excludes it; and only one of the remaining eight names is the same in both lists. The language contains Mycenaen elements, it is true, but much is of far later date, and the old and new are mixed in such confusion that the frantic attempts of scholars to separate them have produced little agreement or real progress. It would seem best neither to exaggerate nor to underestimate the Mycenaen relicts in Homer. (Chadwick, 1958, 132/133).

Literaturverzeichnis

Chadwick, John: - The Decipherment of Linear B – Second Edition, Cambridge University Press, Cambridge 1958 – (2014), Canto Classics Edition

Chadwick, John, Die Mykenische Welt, Reclam, Stuttgart, 1979

Bennet, John: The Structure of the Linear B Administration, 1958

Fischer, Josef: Eine kurze Einführung in Linear B, 2003, http://www.antikesboiotien.uni-muenchen.de - letzter Zugriff:
23.09.2017

Gschnitzer, Fritz: GRIECHISCHE SOZIALGESCHICHTE Von der mykenischen bis zum Ausgang der klassischen Zeit 2., durch eine Bibliographie erweiterte Auflage, Stuttgart 2013 © Franz Steiner Verlag, Wiesbaden 1981

Krawczuk, Aleksander: Der Trojanische Krieg. – Mythos und Geschichte, Urania, Leipzig, 1990

Maran, Josef: Hinweis auf Schriftverwendung im mykenischen Tiryns, 2008 Institut für Ur- und Frühgeschichte der Universität Heidelberg https://www.scinexx.de/news/geowissen/aeltester- letzter Zugriff 16.09.2017

Olivier, Jean-Pierre: Les scribes de Cnossos (Incunabula Graeca, XVII), 1967

Panagl, Oswald: Das Dunkel ist Licht genug. Mykenische Tontafeln und die Welt der Epen Homers, 1939: Keimelion, Verlag der Österreichischen Akademie der Wissenschaften, 2007, Wien

l